AF246311

TOUT OU RIEN.

DE LA RÉFORME ÉLECTORALE,

PAR

UN HOMME DU PEUPLE, A. BOUGEART,

AVEC UNE NOUVELLE LETTRE

DE M. DE LAMENNAIS.

2e ÉDITION.

Prix : 25 centimes.

Paris,

AUGUSTE LE GALLOIS, ÉDITEUR;

EN VENTE :

CHEZ RIGAUD, GALERIE VIVIENNE, 5—7,

Et chez tous les Marchands de Nouveautés.

1840

Versailles. — Imprimerie de Michel Fossons.

Avis de l'Éditeur.

La rapidité avec laquelle s'est répandue parmi le peuple la première édition de cette petite brochure a dépassé toutes nos espérances. Ce succès nous a prouvé une fois encore ce que nous savions déjà, qu'un livre écrit pour le peuple arrive toujours à son adresse, parce que l'homme du peuple sent que l'instruction est désormais pour lui la première condition d'existence, parce qu'il ne sait que trop aujourd'hui qu'avant de renverser il faut avoir préparé les matériaux du nouvel édifice, et que sous des ruines il y a toujours quelque tyran caché prêt à se lever au premier appel.

Nous avons cru que c'était un devoir pour nous d'engager l'auteur à retoucher son œuvre, s'il était possible. Aussitôt, et pour répondre autant qu'il est en lui à la confiance du public, il s'est remis à la tâche avec toute

l'ardeur qui le caractérise; et, aidé des con-
seils de tous ceux dont le cœur bat pour le
triomphe de cette belle cause, il a corrigé,
retranché, ajouté, jusqu'à ce qu'enfin il a
cru cette nouvelle édition digne à-peu-près
d'être présentée aux hommes dont il défend
les droits.

Nous prions tous ceux que nous n'aurions
pu convaincre, tous ceux qui ne croient pas
devoir s'en reposer sur nous de la justice et
de la conséquence des principes que nous
avançons, de lire attentivement la lettre que
M. Lamennais a bien voulu nous adresser.
Sous un tel égide, on peut s'avancer en toute
confiance : quand Bonaparte avait dit : *mar-
chez,* tous étaient sûrs de la victoire.

LETTRE

DE

M. DE LAMENNAIS,

Sur ce petit écrit.

————

Paris, 5 Mai 1840.

J'AI lu avec beaucoup d'intérêt, monsieur, le petit écrit que vous m'avez envoyé. Il m'a paru contenir des pensées aussi sages qu'utiles. On pourrait contester le principe de l'élection à deux degrés, mais c'est une question qui peut-être n'est pas encore entièrement éclaircie. Il n'en est point, à mon avis, de plus importante en ce moment que celle de la réforme électorale. Jusqu'à ce qu'elle ait reçu une solution aussi pleine que

possible dans le sens radical ou démocrati-
que, aucune sorte d'améliorations, aucun
genre de bien, quelque vif et universel qu'en
soit le désir, ne pourra être effectué. Espé-
rons que les efforts des bons citoyens, pour
obtenir cette grande et salutaire réforme, ne
se relâcheront point, qu'ils croîtront, au contraire, avec les obstacles que jusqu'au bout
y opposeront les hommes de monopole. Le
succès ne couronne que la persévérance.

Recevez, Monsieur, l'assurance de mes
sentimens respectueux,

F. LAMENNAIS.

ÉTAT DES CHOSES.

—

On se dirait à la veille de quelque grande détermination, de quelque changement subit, à voir les efforts de nos gouvernans pour retenir ce qui leur échappe, à voir l'ardeur de convoitise avec laquelle ils demandent, ils arrachent, ils rapinent, ils entassent; tous, riches ou puissans, font leur bonne part, s'activent à la tâche : les premiers cumulent, les seconds se retranchent; le riche devient puissant, le puissant devient riche ; tous se donnent la main, se soutiennent, nous encerclent. Et nous, pauvre troupeau plein de bon vouloir, tant d'agitation nous étonne; nous regardons autour de nous, et, de quelque côté que nous tournions la tête, c'est un maître qui menace, c'est une barrière qu'on nous oppose. Et cependant si nous avions un peu plus d'air, si le pâturage était un peu plus large, si la pâture était un peu plus abondante, la toison grandirait plus riche et plus fournie, plus de terrain serait engraissé, et tout n'en irait que mieux pour les maîtres et pour le troupeau. Puissent nos gardiens comprendre enfin leurs intérêts ! puisse notre pétition être bien accueillie d'eux ! ! Mais d'abord pénétrons-nous, pénétrons - les bien de la justice de notre demande : on ne saurait trop s'en convaincre.

TOUT OU RIEN.

CHAPITRE Ier.

De la réforme électorale.

Qu'est-ce que nous demandons?

Une réforme électorale.

Qu'est-ce que la réforme électorale?

C'est une question d'existence et une question de droit.

C'est une question d'existence, car évidemment nous ne sommes pas bien ; la misère publique s'accroît chaque jour, et la misère mène à la mort : à la mort physique, en ce que par des privations toujours nouvelles elle tue l'individu; à la mort morale, en ce qu'elle émousse les facultés de l'homme et l'abrutit jusqu'à lui ôter le sentiment de sa dignité. Or, cet état de choses ne peut subsister plus longtemps sans amener inévitablement la ruine de la société : nous avons donc besoin d'une *réforme*.

C'est une question de droit, de droit naturel et de droit social; de droit naturel, car Dieu nous a laissés seuls maîtres de disposer de notre vie; et, en se faisant les dispensateurs de tous les moyens d'existence, les riches et les puissans se sont arrogé sur nous ce droit de vie ou de mort; c'est une question de droit social, car si la société a pour but la satisfaction de l'intérêt de tous, si l'intérêt universel se compose de la réunion de tous les intérêts privés, nul n'est en droit de se faire juge pour nous de ce qui est de notre intérêt individuel, nul n'est en droit de dire : Cet homme-là se trompe, il demande du pain, mais il n'a pas faim.

Nous avons donc besoin d'une *réforme*, d'une *réforme électorale* : c'est-à-dire d'un mode de constitution dans lequel chacun aura sa voix comme expression de son besoin, dans lequel nul ne sera soumis à l'arbitraire de quelques-uns.

—

CHAPITRE II.
Le peuple est-il capable de voter?

Et qu'on ne vienne pas dire que l'homme

du peuple abruti, sans éducation, sans instruction, est incapable de discerner ce qui est ou non de son véritable intérêt, car la réplique pourrait faire trembler de frayeur ceux à qui elle s'adresse, ceux qui nous ont laissés dans l'état de misère où nous sommes.

Nous leur demanderions à eux pourquoi le peuple est abruti, si ce n'est parce que jusqu'à ce jour le riche ou le puissant a cru de son intérêt de prolonger cet abrutissement du malheureux pour le tenir attelé plus longtemps à son joug.

Nous leur demanderions pourquoi l'homme du peuple est sans éducation, si ce n'est parce que leur cupidité leur fait arracher dès l'âge le plus tendre les enfans du peuple des bras de leurs mères, pour leur faire gagner leur pain, pour les laisser croupir dans les ateliers, pour en faire des manœuvres hébétés par un travail stupide et infructueux pour ces pauvres enfans.

Nous leur demanderions pourquoi le peuple est sans instruction, si ce n'est parce qu'ils ont craint la lumière, parce qu'ils ont pressenti que lorsque l'homme du peuple sera éclairé, il dira : Et moi aussi je suis *homme*, et que dans ce seul mot il y aura toute une régénération sociale.

Et devant tant de monstruosités nous vous demanderons une dernière fois, à vous autres qui prétendez mieux connaître que nous nos propres intérêts, ce que vous avez fait jusqu'à présent pour servir ces intérêts ; ce que vous avez fait pour nous pour être en droit de conserver votre tutelle? Répondez, et surtout ne faites pas valoir comme faveurs, les concessions que l'arme à la main nous avons arrachées à votre égoïsme.

Vous demandez si l'homme du peuple est capable de discerner, ce qui est de son véritable intérêt, mais il ne faut pour cela que l'instinct de la conservation ; et quand Dieu a doué les plus vils animaux de cet instinct vital, l'homme, sa créature de prédilection, l'homme seul en serait-il privé? Riches et puissans, l'égoïsme vous rend sacriléges.

L'homme du peuple sait non-seulement ce

qu'il lui faut, mais il sait ce que vous ne savez pas , il sait ce qu'il faut aux autres. Il ne
raisonne pas, il sent ; il n'a pas de belles paroles , il n'a que son cœur ; il a pénétré pour
sa part dans toutes les misères, il a sondé
toutes les plaies; et celui-là seul qui a ressenti
la souffrance peut être juge de la douleur.
Mais quand vous parlez ainsi , hommes
d'exordes et de péroraisons; quand vous dites
que l'homme du peuple est incapable de voter, parce qu'il n'a pas d'instruction, vous ne
vous croyez pas vous-mêmes, et, vous le savez
par expérience, vous n'avez plus rien qui batte
dans la poitrine, l'égoïsme a tout envahi;
comme les scribes et les pharisiens , vous
n'êtes plus qu'un airain sonnant et une cym-
bale retentissante.

L'homme du peuple remplit donc, dès à
présent même, les deux conditions qu'exige
le droit de voter : l'instinct de sa propre conservation, et, par expérience, la connaissance
des besoins d'autrui.

CHAPITRE III.

Du choix des Députés.

Mais, dites vous, il ne suffit pas de comprendre ses propres intérêts, de connaître les besoins d'autrui, il faut savoir choisir les représentans, les défenseurs de ces intérêts, ses députés, en un mot : comment le peuple, sans instruction, le pourrait-il, comment le ferait-il?

D'abord, nous n'avons pas dit que l'homme du peuple nommerait immédiatement ses députés; non, ce n'est pas ainsi que nous l'entendons, pour le moment, du moins. Nous voulons, nous autres hommes du peuple, nommer des électeurs choisis entre nous, et nos électeurs éliront à leur tour des députés choisis entre eux, absolument comme en 89, quand nous vivions sous une tyrannie.

Par ce moyen, vous voyez l'obscurité causée par l'encombrement du nombre et le défaut d'instruction s'effacer peu à peu par le déblai de la masse et la progression des lumières : en un mot, vous voyez toutes les difficultés s'aplanir.

Et puis, quand le peuple pourra sentir tout haut, il comprendra que la lumière, c'est-à-dire l'instruction, est un besoin pour lui, conséquemment il demandera la lumière, il renversera tout ce qui obstrue la lumière, par exemple, l'impôt du timbre, qui ne permet pas au journal d'arriver jusqu'à lui ; et cet impôt une fois aboli, il lira tous les jours son journal, il acquerra des lumières, et cela sans se ruiner, car, tout compté, c'est à peine s'il paiera ce journal un sou par jour.

Et puis, je ne sais plus bien si les Grecs et les Romains avaient des journaux, mais je sais qu'ils se sont rarement trompés dans le choix de leurs chefs, au dire de Montesquieu, du moins, qui, apparemment, savait son histoire romaine.

Et s'il en est ainsi, que le peuple ne se trompe que rarement dans le choix de ses chefs, que craignez-vous, messieurs les éligibles d'aujourd'hui ? Le peuple, qui saura vos talens, vos capacités, vos vertus, ne manquera pas de vous choisir ; il ne vous faudra, pour arriver à la députation, qu'un peu moins d'humilité. Pourquoi cacher , comme vous le faites, ces vertus , ces talens, ces capacités, qui , mis au grand jour , feraient l'édification de la foule, l'étonnement, l'admiration de tout un peuple, et vous conduiraient si loin ?

Résumons - nous : Si le peuple, qui jadis était sans instruction, dit-on, ne s'est que très rarement trompé dans le choix de ses chefs, le peuple, qui aujourd'hui aura plus d'instruction , devra conséquemment se tromper beaucoup plus rarement encore ; donc le peuple a pu de tout temps , et pourra mieux que jamais, élire ses représentans.

CHAPITRE IV.
Chances de corruption.

Admettons, ajoutent ces messieurs , qu'à la rigueur le peuple soit capable de voter , de choisir même ses représentans ; mais que de chances de corruption pour ceux qui voudront usurper sa voix ! il est si facile de gagner l'homme qui ne possède rien !

Pour peu qu'on n'y réfléchisse pas , il est aisé de se laisser surprendre par des parole si souvent répétées qu'elles sont presque passées à l'état de vérité ; toutefois, réfléchissons un instant.

D'abord, s'il est facile de gagner l'homme qui ne possède rien, il n'est pas assurément impossible de gagner celui qui possède, et nous irons aux preuves quand on le voudra ; toutefois, la question n'est pas de gagner un homme, mais de gagner une masse d'hommes. Exemple : Si dans vos élections d'aujourd'hui, messieurs les corrupteurs, vous dépensez 10,000 francs pour gagner cinquante électeurs, vous donnez à chacun de vos hommes 200 francs ; mais quand tout le monde aura sa voix, quand tout ce qui pense, travaille et paie sera électeur, alors, au lieu de cinquante hommes, le corrupteur en aura vingt mille peut-être à gagner; et s'il n'a que ses 10,000 francs, il ne donnera donc à chacun que 50 centimes ? En vérité, c'est trop peu de chose; et l'homme du peuple, quand il se vend, croit valoir un peu plus que cela. Il faudra donc doubler, tripler, quadrupler, quintupler la prime de corruption; il y a vraiment de quoi ruiner d'un seul coup tous nos éligibles d'aujourd'hui ; le cas échéant, je ne sais trop si la chose n'est pas désirable, ce serait un moyen comme un autre de disséminer les fortunes à l'infini, de résoudre enfin le problème de la répartition des biens.

Et puis, pour annihiler tout moyen de corruption, qui nous empêchera de réélire nos députés tous les deux ans, par exemple? ce qui, renouvelant la dépense, la rendrait beaucoup plus grande , c'est-à-dire , beaucoup moins renouvelable.

Qui nous empêchera de supprimer tous ces fonds secrets, tous ces crédits supplémentaires, toutes ces bonnes sommes qui, le plus souvent, ne servent qu'à rembourser les frais d'installation?

Et puis , on conçoit que cinquante individus gardent le secret de leur vénalité , mais vingt mille, c'est impossible ; et qui nous empêchera de chasser honteusement , de punir du dernier supplice même, le corrupteur, et de dégrader à tout jamais le corrompu ? car enfin, nous ne serons peut-être pas tous achetés.

Ainsi, le suffrage universel offre moins de chances de corruption que notre mode de constitution d'aujourd'hui ; il peut donc, il doit donc lui être préféré.

CHAPITRE V.
Où se trouvent les garanties.

Il faut bien avouer que nos maîtres sont de grands logiciens; ils nous poussent d'argument en argument, jusqu'à ce qu'enfin, étourdis de l'abondance de leurs paroles, nous soyons, non pas convaincus, mais réduits au silence par l'impossibilité de la riposte. Ils disent encore : Mais celui qui ne possède rien n'a aucun intérêt à défendre, n'a rien qui l'attache au sol, n'offre aucune garantie de bon vouloir.

Pour cette fois, ils ont encore raison : il est bien vrai que nous n'avons rien, absolument rien, de ce qui se compte, s'entend. Nous n'avons pour nous que notre réputation d'honnête homme, que nous tenons à conserver au milieu de nos amis, car, plus loin, que serait-elle, puisque tout le monde en dit autant ?

Nous n'avons pour nous que nos vertus, qui n'ont de valeur, elles aussi, qu'en tant que nous restons avec ceux qui nous entourent, avec les témoins de ces vertus ; nous n'avons pour nous que nos petits talens, qui nous nourrissent tant bien que mal, mais qui ne pourraient rien, méconnus qu'ils seraient ailleurs.

Vous, Messieurs, vous avez probablement vos talens et vos vertus aussi ; mais c'est trop peu de chose, nous nous garderons bien d'en parler. Vous avez bien plus que des vertus, vous avez des bois, des manufactures, des terres, des maisons, tout ce qui enfin attache au sol, donne une garantie de probité, d'amour de la patrie. Il n'est que trop vrai, oui, tout cela est palpable, tout cela est imposable ; mais nous, qui n'avons rien, quelle garantie offrons-nous, à moins qu'on impose les vertus, les privations et les souffrances ?

Toutefois, examinons la chose de plus près : la garantie de bonheur pour la masse est-elle dans les biens de certains individus ? Non ; car ces biens sont amovibles : une chose qui peut être vendue n'offre point de véritable garantie; si vos bois, vos terres, vos maisons remplissaient les conditions d'une véritable garantie, à plus forte raison nos talens et nos vertus, qui sont les seuls biens inamovibles, les seuls biens qui, partout ailleurs que chez nous, n'auraient pas de valeur. La propriété offre une garantie d'intérêt à ceux qui possèdent, mais non à ceux qui ne possèdent pas (1), nous en avons la preuve : qu'il s'agisse de quelque nouvel impôt pesant uniquement sur la propriété, toute la Chambre est en rumeur, on s'agite, on se menace, on se pousse, on s'arrache la tribune, c'est à

(1) — L'honorable M. Sauset, qui certes est bien la réputation la plus colossale de France (voir à cet effet le *Charivari*), a bien voulu approuver par-devant toute la Chambre ce que nous avançons, en déclarant du haut de son fauteuil que *le devoir des délégués de la propriété n'était pas de veiller aux besoins de la classe ouvrière, mais de faire des lois;* et tous les députés d'applaudir.

Toutefois, nous devons ajouter pour l'honneur de la vérité que *l'honorable* M. Dupin, qui n'est pas si bête, prétend à toute force que cette fois encore *l'honorable* président a voulu faire un calembourg.

Quatre cent vingts députés, et pas l'étoffe d'un Manuel ou d'un Foy. — Quelle pitié !...

Et cependant ce ne sont pas les gendarmes qui manquent! Nous ne sommes plus même sous la restauration!

qui parlera, c'est à qui l'emportera : vaincre ou mourir, c'est le cri unanime ; mais qu'il s'agisse de fonds secrets, d'argent prélevé sur tous, et dont électeurs et éligibles ne donneront qne leur cote-parcelle, eh mon Dieu ! personne ne songe à dire mot.

La véritable garantie est dans l'intérêt des masses, dans le bonheur de tous, dans l'opinion du grand nombre sur ce qui constitue l'intérêt du grand nombre ; et, à ce titre, le prolétaire offre plus de garantie que le propriétaire ; car lui qui ne possède rien n'aura de bonheur et d'aisance qu'autant que la grande masse de malheureux dont il fait partie aura de bonheur et d'aisance : il sera donc forcé, s'il veut servir ses propres intérêts, de servir ceux de la masse ; tandis que l'homme qui possède, ne représentant que les possesseurs, ne sert ses intérêts qu'autant qu'il sert ceux des possesseurs, et le peuple peut mourir de faim, qu'électeurs et éligibles d'aujourd'hui n'en auront pas un plat de moins à leur dîner. La garantie de bonheur pour tous, est donc forcement dans celui qui ne possède pas, comme elle peut l'être aussi, mais volontairement, dans celui qui possède. Il y a plus, c'est qu'en travaillant au bonheur de la masse, on fait en même temps son bonheur à soi ; tandis que celui qui avant tout sert ses propres intérêts, le fait toujours au détriment de la masse.

Et puis vous voulez une garantie de tranquillité pour vos personnes, de sécurité pour vos biens? où pouvez-vous plus sûrement la trouver cette garantie que dans le bien-être de la masse qui seule fait les révolutions, et qui ne les fait que quand vous l'avez par trop opprimée. Nous ne demandons pas à regorger aussi, nous demandons à ne pas tant souffrir ; nous n'en voulons pas à vos biens, nous vous proposons au contraire un moyen d'accroître vos richesses, en nous rendant moins malheureux, et parconséquent plus robustes au travail productif pour vous seuls. Et quoi! voudriez-vous refuser quelques soulagemens à ceux qui vous sacrifient tout, et leurs droits, et leurs veilles, et leur vie tout entière?

Voyez cette sentinelle perdue, l'arme au bras sur la frontière, c'est un malheureux que vous avez arraché à ses parens pour vous remplacer peut-être ; il sait qu'il n'est pour lui aucun espoir d'améliorer son triste sort. Eh bien ! l'ennemi s'approche, et le voilà qui crie : Aux armes ! et ce cri c'est sa mort ; et cependant qu'a-t-il à défendre, lui qui ne possède rien ; lui, dont la mère privée de son fils, de son unique appui, est là mourante à l'hôpital ; lui dont le père pourrit en prison pour crime de mendicité peut-être ? Encore une fois qu'a-t-il à défendre ? Oh ! vous ne le savez pas vous autres, qui, peut-être à sa place, trahiriez lâchement. Ce qu'il a à défendre, nous le savons, nous, parce que c'est un sentiment inné dans le cœur de tout homme du peuple ; ce qu'il a à défendre, c'est nous tous, c'est *vous* aussi ; vous, ses frères au jour du péril ; ses frères, par cela seul que vous êtes nés dans cette France où lui-même il naquit. Oh ! cela vous fait rire ! oui, riez ; mais après les rires un peu de compassion du moins pour les frères de celui qui meurt pour vous, pour tous ces hommes que vous méprisez, et qui demain verseront leur sang pour vous, s'il le faut encore.

Il suit, de tout ce que nous avons dit, que celui qui ne possède rien offre plus que tout autre les garanties nécessaires dans un homme qui doit représenter et défendre les intérêts de son pays.

CHAPITRE VI.
Tout ou rien.

Cependant il faut être juste, ces messieurs veulent bien nous faire l'honneur de nous croire quelque chose : depuis quelque temps, nous avons beaucoup gagné auprès d'eux ; nous sommes presque des hommes : encore quelques bonnes années, et l'on nous permettra de dire que nous avons faim, que nous n'avons pas un sou vaillant, et que par conséquent il nous faudrait de l'ouvrage et non des impôts. Voilà du libéralisme s'il en fut, et si nous avions tant soit peu de reconnaissance, si l'on voulait m'en croire, nous irions en procession nous prosterner à deux genoux devant nos seigneurs et maîtres et renouveler à leurs pieds les actions de graces des communes au 14e siècle.

Quelle pitié ! Mais qu'êtes-vous donc pour vous arroger ce droit de nous exclure d'un trait de plume du rang où Dieu nous a placés, pour être en droit de signer ou non notre affranchissement ? Sans doute vous êtes nos maîtres ; mais alors veuillez produire notre acte de vente, car en vérité nous pensions l'avoir déchiré en 89 pour en faire des cartouches au jour de la Bastille. Vous, nos maîtres ! ! Mais faut-il donc vous répéter que si vous invoquez le droit du plus fort, ce droit nous appartient à nous aujourd'hui, à nous qui sommes redevenus les plus forts ? Vous, nos maîtres ! Mais vous n'avez pas seulement l'apparence de droits de ces aristocrates de 89 dont vous riez vous-mêmes ; vous êtes des hommes d'hier, des hommes que nous avons placés là où vous êtes, des hommes qui ne seraient rien sans nous ; et si vous différez des premiers aristocrates, c'est que l'ancienne aristocratie avait conquis ses droits, tandis que vous avez extorqué les vôtres.

Mais puisque force est de vous avouer que quelques rayons de lumière venus jusqu'à nous ont suffi pour nous éclairer, puisque vous pressentez qne l'instant approche où nous prendrons si l'on nous refuse, pourquoi ces demi-concessions? pourquoi vouloir aristocratiser une partie du peuple pour écraser l'autre? Pensez-vous que bénévolement nous croyons que vous ferez demain ce que votre intérêt vous défend aujourd'hui? En vérité, l'envie nous prend de faire nos affaires nous-mêmes; nous y gagnerons au moins l'avantage de n'être pas dupes. Mais non, n'espérez pas d'y parvenir. Le malheur unit; nous nous tenons tous par la main, nous sommes tous hommes: il nous faut tout ou rien, il nous faut tout à tous.

CHAPITRE VII.

Système de résistance.

Il est échappé ces jours derniers à l'étourderie d'un des chefs du gouvernement une de ces paroles qu'il ne faut pas laisser tomber, parce qu'elles sont un secret, un aveu, parce qu'elles expliquent le passé et donnent la mesure de l'avenir. M. Thiers a dit : Notre rôle c'est de résister.

Ainsi vous l'entendez, il y a lutte, lutte ouverte entre nous et les gouvernans.

Un gouvernement constitutionnel, si c'est autre chose qu'un vain mot, devrait être un gouvernement de progrès ; chez nous, de l'aveu même du président des ministres, c'est un gouvernement de résistance. Il faut avouer que si le rôle de nos gouvernans est tel, je ne vois pas trop quelle différence il y a entre la tyrannie la plus absolue et un gouvernement constitutionnel, si ce n'est que le tyran n'a rien promis en fait de liberté, qu'il reste dans sa nature, dans son état normal, tandis que nos maîtres n'ont pas épargné les promesses.

Et quand une fois on a pris le parti de la résistance, qui pourra dire où s'arrêtera la résistance ? car à la moindre apparence de lutte de la part du peuple, le gouvernement, s'il est le plus fort, tendra non-seulement à rester dans sa force, mais il resserrera les liens de sa puissance ; il abusera de sa vic-

toire pour se retrancher plus fortement encore, pour réduire le peuple au point de ne
plus rien oser contre lui : c'est la conséquence
logique du système de la résistance, et nous
en avons les preuves.

Dire notre rôle c'est la résistance, c'était
dire en d'autres termes : Vous n'aurez point
de réforme, à moins que vous ne fassiez une
révolution et que vous ne soyez vainqueurs;
ainsi prenez bien vos mesures. C'est de la
loyauté cela; on voit bien que nous sommes
en France.

Quel aveuglement : toujours la résistance !
mais quelle fatalité vous pousse donc toujours
à résister? Ne savez-vous donc pas, que de
tout temps, c'est la résistance qui a tué et
gouvernement et gouvernans; que c'est la résistance de la cour qui a renversé la Bastille,
la résistance des aristocrates qui poussa au
massacre des prisons, la résistance des bou-
tiquiers qui amena 93 ; ne savez-vous pas que
la résistance exalte, et que, la digue rompue,
le torrent ravage et submerge ce qu'il n'au-
rait fait qu'arroser de ses eaux fécondantes,
si on ne lui eût point opposé de barrières?

CHAPITRE VIII.

Des moyens à prendre.

Toutefois, quoique disent les hommes de pouvoir, n'oublions pas que nous sommes les plus forts, que nous devons par conséquent être les plus généreux, et prendre en pitié les faibles et les fous. Rappelons-nous que Dieu combat avec le juste, et que les voies légales, si elles ne sont pas toujours les voies de la vraie justice, sont au moins celles que le gouvernement doit accepter comme telles. Ayons recours aux moyens légaux, quand ces moyens peuvent mener au but qu'on se propose.

Réveillons-nous de notre apathie ; l'indifférence en matière politique est aussi funeste aux peuples que l'indifférence religieuse l'est à l'individu. Ne nous laissons pas corrompre à l'air infect qui nous entoure. Ils disent, pour nous décourager, que nous avons perdu toute vigueur, toute puissance de vie ; mais la main sur le cœur, prouvons qu'il y a encore de la vie là, parce qu'il y a de la foi, et que la foi en soi est la force et le salut d'un peuple.

Ne nous lassons point, recommençons aujourd'hui ce que nous avons fait hier ; que chacun inscrive son nom ; que ces noms, portés sur une seule liste , soient confiés à nos députés représentans de la *réforme* , qui les déposeront sur la tribune ; et alors, devant vingt millions de signatures , nous demanderons aux hommes de résistance, s'ils ont encore foi en la résistance, s'ils veulent se confier à la résistance.

Et comment pourrais-je mieux finir qu'en vous faisant les confidens d'une lettre que m'écrivit Lamennais, à moi qu'il ne connaissait pas, qui ne l'ai jamais vu, mais qui, brûlant de toute l'ardeur de ma jeunesse du désir de suivre ses traces, de remplir ma tâche dans la grande œuvre de la régénération sociale, lui demandais qu'il m'indiquât la route qu'il fallait suivre pour arriver à ce but, le plus beau de tous.

Ecoutez-le, et, comme moi, pesez toutes ses paroles ; je vous les rapporte , parce qu'elles vous instruiront sur vos devoirs comme elles m'instruisent sur les miens, et surtout parce qu'elles serviront à confondre d'imposture les détracteurs infâmes qui calomnient auprès de vous votre plus zélé défenseur.

« Toute connaissance est bonne et utile ,
» quand on la rapporte à un but élevé. Le
» premier de tous, et même le seul qui donne
» à la vie un prix réel, est de servir les hom-
» mes en vue de Dieu. Or, pour servir les

» hommes, il faut avant tout les aimer, se
» détacher de soi-même, s'animer d'un esprit
» de dévouement et de sacrifice sans lequel
» les plus rares qualités de l'esprit ne sont
» rien. Les lumières véritables viennent du
» cœur plus qu'on ne croit. Ce n'est pas que
» la science soit à dédaigner, tant s'en faut;
» mais elle demeure stérile si l'amour ne la
» féconde pas. Voyez ce que l'Evangile a
» produit pour l'humanité ; il a changé la
» face du monde, et sa puissance régénéra-
» trice, loin d'être épuisée, travaille encore
» les peuples et les pousse invinciblement
» vers un avenir meilleur, qui se réalisera,
» quoiqu'on fasse, pour perpétuer le désordre
» et les maux du passé. Pénétrez bien votre
» âme de la parole de Jésus-Christ : aimez
» Dieu plus que toutes choses et le prochain
» comme vous-même, et de la sorte vous con-
» courrez, autant que le peut chacun de nous,
» à l'œuvre que la Providence accomplit sur
» la terre.

» Recevez, Monsieur, l'assurance de mon
» dévouement affectueux.

F. DE LAMENNAIS. »